HAIKUS

de desembre

Carme Raichs

1ª edició: Febrer 2015

ISBN: 978-84-943148-4-1
DL: B-8094-2015

© Del text, Carme Raichs, 2015
©De la il·lustració de coberta: Òscar Gómez Brignardelli
© Composició de coberta: OmniaBooks, 2015

© De l'edició, OmniaBooks, Omnia Publisher. S.L., 2015
www.omniabooks.com

Qualsevol forma de reproducció, distribució, comunicació pública o transformació 'aquesta obra només pot ser realitzada amb l'autorització dels seus titulars, llevat d'excepció prevista per la llei. Dirigeixi's a CEDRO (Centro Español de Derechos Reprográficos) si necessita fotocopiar o escanejar fragments d'aquesta obra (www.conlicencia.com ; 91 702 19 70 / 93 27 2 04 45)

Haikus de desembre

Comentari de l'autora

Aquest mes de desembre sempre m'ha fascinat. De petita sentia que eren uns dies on la meva ment fantasiosa obria la porta a un món de noves sensacions; unes sensacions que venien amb tota la força d'una realitat que agafava i deixava anar igual que quan jugava a fer bombolles de sabó.

La creixença et canvia el cos, el pensament i el prisma de la vida d'una manera que mai no hauries pensat, tot i això, el mes de desembre, sempre ha esdevingut amb una motxilla repleta d'esdeveniments de totes les mides i de totes les tonalitats inventades, això sí, sempre amb una forta càrrega emotiva, potser massa.

Carme Raichs

Ara, quan repasso els garbulls de desembres acumulats a la pell, on m'hi ha deixat les seves petjades, és com fer un truc de màgia quan deixes la ment oberta. Llavors, és d'una banda com si la primavera, l'estiu i la tardor anessin fent entremaliadures farcides de reptes amb la força d'una nena petita de la mà de l'adolescent romàntica i somiadora, i la dona reflexiva d'ales esfilagarsades, també els dóna una mà, i l'altra a aquesta dona fràgil, inquieta, un xic filòsofa, i plena de reptes tranquils que els fa volar amb unes ales plenes de llibertat que fan sortir el millor de l'ésser.

I amb aquests anys, farcits de tot i de res, des de l'esfera del silenci, vull deixar aquest llibre dedicat al mes de desembre; el mes en què els humans semblem un volcà en erupció per les emocions internes, positives i negatives; a la fi, les emocions ens fan vibrar, sentir, estimar, enfonsar-nos per poder treure la força de la renovació.

Haikus de desembre

Des del primer moment en què em neix el projecte, el veig fet amb Haikus i senryûs, i amb el títol: "Haikus de desembre", apropiat per desgranar -com una magrana- sentiments a través de les hores de garbull i de màgia d'un mes esperat, d'un mes odiat, i també estimat.

Doncs bé, la reflexió poètica d'un haiku, d'un senryû donarà vida a aquestes disset síl·labes (disset batecs) sense cap classe de rima i amb terminacions de paraules planes, aniran entrant a la casa de les hores de cada jorn del mes de desembre —de molts desembres guardats- per compartir i desvetllar les sensacions de la intimitat de l'escriptor i del lector.

El haiku —segons la puresa japonesa- és el que ens parla de natura i de les estacions de l'any. El senryû parla de l'existència humana amb totes les seves virtuts i misèries. Es fan exactament iguals, els diferencia el nom segons el tema que escrivim. La veritat és que el nom del senryû és poc conegut entre nosaltres i hem adaptat el nom de haiku per tota composició poètica.

Carme Raichs

Haikus i senryûs, poemes japonesos que diuen molt en molt poques paraules. Són uns autèntics reptes que ens han ensenyat, als occidentals, a meditar millor els mots a través d'una millor calma, per deixar escrites paraules d'autèntiques ombres i llums, de gel i de foc alhora, de tempesta, de natura, de calma, alegries i de llàgrimes de tanta gent anònima, que el poeta, els hi ansen les llums perquè es reconeguin en els seus batecs en llibertat.

Haikus de desembre

L'aire fresquívol
els sentiments desperta;
desembre truca.

...

Despunta el dia
d'aquest mes de desembre
amb clarors grogues.

...

Desembre màgic
que tens amb tu l'autumne;
la maduresa.

...

Fulles voleien
despreses d'arbres tristos;
un jorn de danses.

...

Carme Raichs

Dies de pluja,
de sol, de vent ens besen;
s'apropen ombres.

...

La reravera
ens du uns paisatges màgics
d'uns colors únics.

...

El sol fecunda,
al migdia a la plaça,
cossos vells d'avis.

...

Els folcs de fulles,
ens porta la ventada,
tot fent catifes.

...

Haikus de desembre

Els records miren
uns jorns plens de rialles;
avui retornen.

...

Ara emergeixen
les intemporals hores
de tantes vides.

...

Els nens contemplen
el pèndul del rellotge;
sembla tortuga.

...

Avui pots veure
com els jacints despunten
dels bulbs de vida.

...

Carme Raichs

Camina tímid
el desembre a les cases
perquè no els sobti.

...

Batecs colpeixen;
semblen muntanyes russes
desenfrenades.

...

El vent efímer,
de la tardor ens besa,
sense avisar-nos.

...

Del pou ens pugen
hores abrumadores;
neguit, prodigis.

...

Haikus de desembre

Sota el paraigua
contemples una pluja
ben riallera.

...

L'aire que baixa
de les muntanyes blanques;
quin fred que ens porta!

...

Surten bufandes,
gorres, guants i abrics àgils,
pel fred que ens sobta.

...

Si les albades
ens omplen de bellesa;
no siguem cactus.

...

Carme Raichs

El fred que ràpid
empeny la reravera
d'aquestes hores.

...

Capriciosa
dansa, avui l'atmosfera
ens du boirina.

...

Esclats, glaçades
ressegueixen als éssers
de maregassa.

...

Sempre el desembre
vols que vingui i que marxi
com les ventades.

...

Haikus de desembre

Tardor, com passes;
els records desempolses
sense avisar-nos.

...

Infant a estones
ens fan sentir els dies;
el fred desvetlla.

...

La pluja fina
són llàgrimes que esclaten
de la natura.

...

El fred de fora
hi ha dies que se'ns filtra;
costa fer passes.

...

Els nens empenyen
els jorns del calendari;
avis els paren.

...

Tristeses guardes
aquest mes de desembre;
potser no tornin.

...

El grèvol torna
fidel, per aportar-nos
nou optimisme.

...

L'escorça humida
reviu noves albades;
passa la boira.

...

Haikus de desembre

Uns trams de vida
reneixen amb llum clara;
es fon el gebre.

...

L'autumne corre
a fer-se les maletes
de grocs i grisos.

...

El glaç i els boscos
acomiaden pena;
la tardor marxa.

...

La reravera
esprem els últims dies
del seu reialme.

...

Carme Raichs

La neu aflora
al cim de les muntanyes;
Nadal camina.

...

La bella Dama
espera que el solstici
li obri la porta.

...

Galopen dies
amb el genet de festes
de llums pintades.

...

Perquè fem fondre
les tradicions ara;
tot s'evapora.

...

Haikus de desembre

No podem perdre
l'esperit d'aquests dies;
renovem forces.

...

Les mans obertes
s'omplen de fe curulla
per fer abraçades.

...

Jorns de prodigis
destapen l'equipatge
dels vius somriures.

...

T'emocionen
els ulls de la infantesa
aquestes dates.

...

L'hivern desperta,
l'acull un cel de grisos;
glaçat camina.

...

El vent ens porta
la història-misteri
de tants de segles.

...

Farem pessebre,
adornarem la casa
en temps de crisi.

...

Bolets, conserves
reposen a les lleixes
guardats pel dia.

...

Haikus de desembre

Despullats arbres
llueixen la nuesa
d'un fred fortíssim.

...

Les llums, les ombres,
de mils d'humans captaires
busquen l'estrella.

...

La gran glaçada
ens ha sobtat el dia;
el cel plom plora.

...

Veus blanques porten
nadales a la plaça
amb sons de festa.

...

No falta gaire;
la llum de Pau arriba
perquè no ens falti.

...

De Betlem duen
la Llum per repartir-la
des de la Plaça.

...

Els nens com baden
mirant les llums que brillen
dels carrers nostres.

...

Àngel de plata,
boles de coloraines
encenen l'ànim.

...

Haikus de desembre

Escoles mudes
gaudeixen de vacances;
les llars tremolen.

...

Treballs d'escola;
manualitats belles
els nens regalen.

...

Anem a plaça;
tafanegem productes
que estan als núvols.

...

Les pomes roges
es vesteixen de festa;
quin goig mirar-les!

...

Carme Raichs

Tornes a casa
amb la cistella buida;
el cap fumeja.

...

Les tardes toca
desempolsar les hores
per la mainada.

...

Cintes d'or, plata,
boles de coloraines
i unes nadales.

...

Els nens com riuen
posant coses boniques
ben retallades.

...

Haikus de desembre

És un miracle?
Que passa amb el pessebre?
Creix cada dia.

...

Figures velles
junt amb les noves d'ara;
pessebre abstracte.

...

La nit ens porta
el neguit i la calma;
Nadal ens truca!

...

Dins de les hores
desfermes les recances
migs adormides.

...

Carme Raichs

Et submergeixes
a dins del glaç que et crema;
tot s'esllavissa.

...

Dansen les ombres
que habiten al teu dintre;
dies translúcids.

...

La nit és llarga;
la son s'ha pres vacances
i el neguit torna.

...

Et perds i et busques
a dins del teu silenci;
renoves vida.

...

Haikus de desembre

El vesc i el grèvol;
a les llars, unes branques
no han de faltar-hi.

...

Aquestes dates
no per tots seran joia;
hi ha humans que es trenquen.

...

Sota de l'Astre,
les rialles caminen
junt amb les penes.

...

Hi ha gent que espera
una almoina, per viure
sense cap sostre.

...

Carme Raichs

De llarg mai passes
si els ulls copsen misèria;
el cor com plora!

...

Tot i cremar-te
a dins del realisme;
empenys les hores.

...

Quantes jornades
el fred del cor de l'ésser
l'extern supura.

...

Els blancs paisatges
s'apropen cada dia;
ja plovisqueja.

...

Haikus de desembre

Para la pluja;
les flaires d'eucaliptus
el vent les porta.

...

El pas atures,
els crisantems fan festa
per aquests dies.

...

Mires el cactus
de Nadal; sents punxades
per llunyants éssers.

...

La gent passeja
fins arriba a la Plaça
on hi ha el pessebre.

...

Una olivera,
amb uns pastors i un carro;
l'Infant vol néixer.

...

Jesús, Josep,
Maria el bou i el burro;
reben rialles.

...

A mercat ara
tanteges preus del dia;
són tantes compres!

...

Farem el caldo
de Nadal amb carn d'olla,
també pollastres.

...

Haikus de desembre

Vi blanc i cava,
si el pressupost arriba,
no pot faltar-hi!

...

Tovalles blanques,
la vaixella de festes;
l'amor a taula!

...

Torrons i neules,
figues seques i prunes,
menja de postres.

...

El Tió espera
a sota de la manta;
quin nerviosisme!

...

Carme Raichs

Avui les flaires
que surten de la cuina
alegren l'ànim.

...

Quantes nissagues
pregaran en silenci
la nit dels segles.

...

Engalanats surten
d'aquesta missa llarga,
que del gall diuen.

...

El gran misteri,
aquesta nit tan Santa,
la fe renova.

...

Haikus de desembre

Els fills retornen
a la llar dels seus pares;
Nadal espera.

...

Els jorns apropa
els éssers d'altres terres;
quin goig besar-los!

...

Els néts presenten
parelles nervioses;
els avis riuen.

...

Records floreixen
per compartir enyorances,
d'uns altres límits.

...

L'amor es palpa
als mots que fan converses
entre nissagues.

...

Cantem nadales,
d'aquestes de la terra,
que són tan nostres.

...

La sobretaula
és l'estoig bell del dia;
para el rellotge.

...

Com fan becaines
els xics i els grans de casa;
calma als seus rostres.

...

Haikus de desembre

Quina jornada!
Som uns volcans que exploten;
vi en la conversa.

...

El pèndul marca
el Nadal; tot el dia,
ple d'amor fèrtil.

...

La nit ajuda
que tot el cos renovi;
demà tornem-hi.

...

Torna a ser festa,
els canelons esperen;
és sant Esteve.

...

Carme Raichs

És necessari
sortir a estirar les cames;
el fred, no compta.

...

Aquesta tarda
les paraules fumegen
quan sortim fora.

...

L'hivern convida
a escodrinyar el paisatge;
tot és bellesa.

...

Despullats arbres
de branques i troncs nobles;
no defalleixen.

...

Haikus de desembre

L'escorça dóna,
al bosc, un caire màgic
que regalima.

...

El sol, a estones
tímid, abraça els arbres
sense cap fulla.

...

Matolls silvestres
t'entren per la retina;
l'aire perfora.

...

El fred com crema
el neguit d'aquests dies,
d'amor perenne.

...

Carme Raichs

El gebre ajuda,
quan vas a la muntanya,
a trobar somnis.

...

Les flors menudes,
d'aquest desembre, viuen
mig camuflades.

...

Els esquelètics
arbres, fan pinya amb d'altres
que tenen fulles.

...

El pagès sembra
el julivert i els pèsols
quan és desembre.

...

Haikus de desembre

Pagesos planten
enciams, escaroles
i també bledes.

...

Quan surts de casa
et sobte la natura,
també els pagesos.

...

Els records vénen,
les absències dolen;
als ulls hi ha pluja.

...

Rialles tapen,
camuflen l'agonia
d'uns jorns que et pesen.

...

Busques silenci
i marxes del bullici;
el fred et besa.

...

Quan s'esllavissen
els sentiments pel temple;
enyores rostres.

...

El camí a voltes
et fa fer d'hivernacle;
engulls saliva.

...

Fortes onades
esborren jorns de festa;
per tants abismes.

...

Haikus de desembre

Avui no és fàcil,
semblem tots tramuntana;
ploren els dies.

...

Humans de vidre,
aquests jorns com ens trenquen;
els embats xuclen.

...

Sempre al desembre,
els éssers semblem núvols
que plouen somnis.

...

Les hores passen,
baixen temperatures
i també els ànims.

...

Carme Raichs

Sembla que el mapa
intern, els jorns l'esborri;
com ens transforma.

...

No pots comprendre
els canvis que sents dintre;
no tens paraules.

...

Per què el desembre
dispara sempre els ànims
a tants caràcters?

...

Hi ha fets que semblen
impossibles; com punxen
i et paralitzen.

...

Haikus de desembre

El temps t'ensenya
a créixer amb bon criteri;
un xim-xim torna.

...

Destil·la el viure
les hores manllevades
al teu rellotge.

...

Menyspreu ens guaita,
s'enrosca com les heures;
és que ells no es miren.

...

L'hivern camina,
ens perfora i condensa
sentiments nobles.

...

Estranya força
tristesa jogassera;
calbots de vida.

...

Deixem que emigrin
els ocells de les vides;
fred, fred, fred, massa.

...

Avui la lluna
riu, potser demà gebra;
som al desembre.

...

Poques paraules,
poden canviar el clima
de la conversa.

...

Haikus de desembre

Intensos dies;
farcits d'amor i festes
i compromisos.

...

Quants records queden
de Nadal, sant Esteve?
Vindran borrasques.

...

El boix adorna
estances amb promeses;
l'amor el rega.

...

Mullem la molsa,
fa goix així el pessebre;
els Reis fan via.

...

Carme Raichs

Els quilos parlen
d'aquets casolans dies;
a fer esport toca.

...

Visquem les hores
gaudint les abraçades
que són estrelles.

...

L'adrenalina
ens puja al cim tot ànim;
ai, la baixada.

...

Dies de calma
per esbargir la boira;
el sol ens crida.

...

Haikus de desembre

L'ànim fa moure
la pedra, tan pesada,
del molí-vida.

...

Quantes vegades
el sentiment s'enfila
a l'ona brava!

...

Si tu tens somnis
empeny fort els projectes;
l'edat mai compta.

...

Segur que tarden;
les capes de gel frena
passes de cotxe.

...

L'u de desembre,
cada any es fa muntanya
d'un cim difícil.

...

Jorn a jorn, passes
feixugues, tremoloses;
hores captives.

...

Obres i tanques
dies, setmanes vives;
el fred congela.

...

Revius els rostres
i sumes els desembres;
nus a la gola.

...

Haikus de desembre

Sempre ens espanta
començar aquestes festes;
semblen pou fondo.

...

És covardia,
els sentiments que truquen
amb tanta força?

...

L'edat no compta;
som molts els que al desembre
trauríem dies.

...

Què ens passa als éssers,
que quan creixem s'escapen
tresors de vida?

...

Carme Raichs

Quan l'optimisme
s'empassa tota nosa,
el sol fon ombres.

...

Amb maregassa
o bé amb xafogor els dies
són per gaudir-los.

...

Tots som muntanyes
russes; és tan fantàstic
el descobrir-te!

...

Encara ens costa
que les parets internes
no s'enderroquin.

...

Haikus de desembre

Guerrers sensibles
som els humans d'una era
que ens desfa a trossos.

...

I, quan arriba
desembre i les festes;
no sé què ens passa.

...

El seny es fuga,
el pessimisme es filtre
per tots els porus.

...

Fem tots foguera
per treure gel d'espines
d'aquest desembre.

...

Carme Raichs

Traiem a fora
paüres incompreses
dels jorns de calma.

...

Si comparteixes
amb el silenci els dubtes,
reps les respostes.

...

Que poquets dies
ens queden del desembre;
ens ve recança.

...

Es desfan nusos;
l'emotivitat truca,
obrim la porta.

...

Haikus de desembre

Fangoses hores
pels laberints dels dies
que crea l'ésser.

...

El sol de casa,
la força de la vida;
gaudeix trobades.

...

Si l'entorn mires
t'adones que creences
el vent s'emporta.

...

Si bé tu mires
veus valors que es congelen,
i sents que et glaces.

...

Carme Raichs

Costa comprendre
el tomb que fan els dies;
et sens a fora.

...

De petit, mires
els Nadals com un somni
ple de sorpreses.

...

Padrins i pares,
germans, cosins, xivarri,
oncles i gossos.

...

Cada any ens sobta
el viu Nadal dels avis;
quantes sorpreses!

...

Haikus de desembre

Padrins amb dies,
massa jorns a l'esquena;
vols ajudar-los.

...

Els avis besen
als néts plens de creixença;
els ulls degoten.

...

Hi ha uns anys que ens corren,
neurones desbocades
per jorns que estripen.

...

Les rebel·lies,
d'adolescents indòmits
poden du pluja.

...

Carme Raichs

Tanta gent junta,
quan falta, algun avi,
cremen les hores.

...

Mai no suportes
les sobretaules falses;
fuges com llebre.

...

Sentiments ballen,
la dansa inconformista
dels anys que empenyen.

...

Al dinar amb presa
ballen hipocresies;
converses buides.

...

Haikus de desembre

El seny arriba
i anem pintant quimeres;
perdem paraules.

...

El temps camina
als éssers i a les hores;
rentem façanes.

...

Els pares falten,
els fills volen de casa;
tremola el temple.

...

La nostra tasca:
rescatar les nadales
del calaix d'ombres.

...

Carme Raichs

Quan l'optimisme
et du a fer la rotllana;
els valors tornen.

...

La llar quan crema
conforta i et retorna,
besos que vessen.

...

Desembre ens dóna
interrogants al viure;
noves trobades.

...

El temps canvia
les veus i els personatges;
reescrius hores.

...

Haikus de desembre

La ment prodigi
et porta amors d'esferes
que amb tu van viure.

...

Són jorns difícils;
la pluja de mancances
els valors trenca.

...

Retens promeses
que s'enduen les ombres
als jorns que ens glacen.

...

Avui t'adones
que el galzeran festeja
hores novelles.

...

Carme Raichs

Sembla el desembre
que de bonesa ens omple;
per què aquests dies?

...

Avui, la fibra
de la tendresa sotja
l'hivern salvatge.

...

Hi ha jorns que es filtren
sense avisar i ens sobta
com un viu xàfec.

...

Hem d'acceptar-nos,
els límits i paüres
frenen les passes.

...

Haikus de desembre

Ara recordes
la mare quan ens deia:
no corris massa.

...

Si la tendresa
se'ns vessa pel desembre;
que no se'ns perdi.

...

Quin goig de veure,
avui, caure les volves
per la finestra.

...

Trinxem barreres,
renaixem a cada hora;
la vida ens crida.

...

Carme Raichs

Clarors ens diuen:
reinventeu-vos ara,
teniu la força.

...

Trenqueu carcasses,
l'estratègia vola;
som ocells lliures.

...

L'hivern recrua
mes, l'esperit dels dies
fa nàixer càntics.

...

Compartim hores,
la gratitud fa néixer
cants d'esperança.

...

Haikus de desembre

Un quadre abstracte.
Nadal dels rics, dels pobres;
ningú els canvia.

...

El fred de fora
no esborra les guspires
d'uns jorns tan màgics.

...

L'amor, com dansa!
I creix quan passen hores;
anys plens d'estima.

...

Tenim ja força;
pugem per una escala
plena d'afectes.

...

Carme Raichs

Desembre porta
les ales d'esperança
a tots els éssers.

...

Alcem les copes
que el cava ara ens convida
a ser feliços.

...

Danses de vida
ens du cada desembre
quan finalitza.

...

Hem fos paüres
i desenganys dels dies;
Nadal és màgic.

...

Haikus de desembre

Primer, et trenques,
més tard reculls els trossos;
després, miracle.

...

Per fi despertes;
els éssers som tots pedra
d'un santuari.

...

Els anys t'ajuden
a fer-te et teu viu temple
com tu el desitgis.

...

Ens falta aprendre
noves assignatures
dins del silenci.

...

Com es desvien
normalitats que volen
com fa la merla.

...

Tallem rutines
quan els vivents afectes
ens porten canvis.

...

Àpats espessos
porten la hipocresia;
tanquem la boca.

...

A voltes penses:
la garsa du el coratge
que tu has fet miques.

...

Haikus de desembre

Pot ser la vida,
jocs de malabars ara?
Et desconnectes.

...

La mallerenga
esquitxa d'alegria
part del paisatge.

...

Com es despleguen
els jorns del calendari!
Com se'ns acaba!

...

Mai deixem fora
els qui cerquen almoines;
demà nosaltres?

...

Aquest nou dia
baixa temperatures;
també a dins l'ànim.

...

Dalt de la corda,
veiem vides desertes
per tants impostos.

...

S'apropa el canvi.
El calendari acaba.
També la crisi?

...

La lluna plora.
Ella no oblida els pobres
ni el seu calvari.

...

Haikus de desembre

Tot no és bonança;
al braser d'aquests dies
hi ha peus descalços.

...

Surten paraules
impensades de dir-les;
s'allarguen rostres.

...

El pit-roig vola,
nosaltres prop l'estufa
servem nissagues.

...

Aquestes festes
del desembre, temudes,
duen carisma.

...

Carme Raichs

Les fredes notes
et porten llunyanies
d'un temps pretèrit.

...

Tot sol repasses
l'explosió de besos;
et sents estrella.

...

El menjar empatxa
i els desgavells; la pressa
trenca el teu ritme.

...

Sempre el silenci
aviva tants d'afectes
perquè ell, ens parla.

...

Haikus de desembre

La saviesa
d'aquest temut desembre,
es filtra a dintre.

...

Ha estat possible;
neguit i placidesa
seure'ls a taula.

...

Garbull d'afectes
han desplegat les vides;
l'amor explota.

...

Aquestes dades
analitzem les hores;
hem de fer canvis.

...

Paüra ens feia
de començar el desembre;
records d'anyades.

...

Com ens canvia
la llum que surt de l'ombra
amb sons de festa.

...

Mai hi ha gaubança
sense passar el calvari;
només som éssers.

...

Podem trobar-nos
com nens petits ben orfes
perdent els límits.

...

Haikus de desembre

Quan l'alegria
enterra els vells fantasmes;
som un nous éssers.

...

Tot i el paisatge
de rostres melancòlic;
du tants d'afectes!

...

Ara que marxa
tristoi un nou desembre,
la boira plora.

...

Com un pedraire
has treballat els dies
d'aquest desembre.

...

Potser el prisma
dels anys, ens torna febles
i forts alhora.

...

Els jorns, les hores
i els anys ens fan d'escola
de la més dura.

...

La nit du calma;
les hores tafanegen
pel baf del vidre.

...

Nies promeses,
projectes que s'esfumen
dins d'un vas d'aigua.

...

Haikus de desembre

El boix perdura,
bellesa i fortalesa
du a les branques.

...

Quan les parpelles
de cansament es tanquen;
s'obren els somnis.

...

Dins de la selva
de guerres dialectes
trontolla el poble.

...

El realisme
ens gela les entranyes;
volcà que explota.

...

Carme Raichs

Suren per l'aire,
els pensaments espurnes
com volves lliures.

...

Al riu de plata
les dones renten roba
dins del pessebre.

...

Mirant l'estable,
d'una establia plena,
el temps s'atura.

...

Mai hi ha barreres,
sortim tots de la cova,
les fem nosaltres.

...

Haikus de desembre

Creem jorns fèrtils;
tots junts podem lograr-ho
que no és cap somni.

...

Quina gran força
ens ha dut el desembre;
el cor estalla.

...

Si el pessimisme
teníem a dins nostre,
l'hem sabut treure.

...

Quan l'alegria
fa niu dintre de l'ésser,
el sol perdura.

...

Carme Raichs

Esclaus o lliures
som fets d'un motlle únic;
tinguem-ho en compte.

...

Els batecs palpes,
cavalquen tan intrèpids
que et fan paüra.

...

La gelatina
del temps, perd tota forma,
quan falten éssers.

...

Per més que busquis
l'amagatall dels rostres,
no pots trobar-lo.

...

Haikus de desembre

La batedora
fa un còctel de tristesa
i d'alegria.

...

Quan ve la pluja
reflexiones besos
dins la clofolla.

...

El fred és bucle,
ones toxines fredes
que l'ésser l'ulla.

...

Perquè el desembre
és olla exprés interna;
sempre ens canvia.

...

Perds la mirada
quan al mirall et mires;
no et reconeixes.

...

Germines hores
potser desdibuixades;
ara despertes.

...

Vols ignorar-lo
el cuc del pessimisme;
no saps com fer-ho.

...

El circ molts dies
inunda el nostre temple;
et fas pallasso.

...

Haikus de desembre

Petges més clares;
no saps si surts, potser entres
a fer un nou canvi.

...

Mai hi ha cap dubte;
com la serp, també els éssers,
fem externs canvis.

...

Jorns impensables,
et renoven el prisma
dels ulls autèntics.

...

Al "mercadillo"
furgues en les parades
el que mai trobes.

...

Vius ben suspesa
a l'atzar de les hores;
com et subjuguen.

...

El pa tu llesques
al préstec de la vida;
jorns pellerofa.

...

Embats vesteixen
fragments del dia a dia;
cuses pedaços.

...

La persiana
s'eleva, i el paisatge
tan blanc, et sobta.

...

Haikus de desembre

Besen als éssers
les llàgrimes de vida;
la mort estímul?

...

Es tanquen cràters
dintre els batecs que ens dóna
aquest desembre.

...

Ara pots veure
que has trossejat les hores;
per donar vida.

...

Cada jorn cerques
les veus i les paraules
que sí et fan viure.

...

Carme Raichs

Un jorn t'adones
que esdevens ocell lliure;
llesques projectes.

...

Obres la porta
a l'eterna nuesa
que nia a dintre.

...

Que selectiva
és la ment dins de l'ésser
perquè no et paris.

...

La mort, la vida,
arriben ben juntetes;
amb tu caminen.

...

Haikus de desembre

Destil·les, sempre,
tempestes i harmonies;
l'ésser és únic.

...

Cap jorn la pluja,
ha rovellat l'empenta
d'acer vestida.

...

Potser la taula
serà plena o mig buida;
l'amor és màgic.

...

Un llamp fa runa;
la llum a l'eix de l'ésser
refà morada.

...

Clarós inunden
el temple curull d'ombres;
fes més finestres.

...

Revius petjades
de nadales de segles
amb cara nova.

...

L'espera es dolça.
La casa resta plena;
fonem basardes.

...

Aires cantaires
entren per les escletxes
de jorns d'estima.

...

Haikus de desembre

Flors de paraules,
colors de batecs, vida
que no es detura.

...

Contemples rostres,
paladeges rialles
i et sents als núvols.

...

A fora neva,
a dintre el sol escalfa;
l'amor com brilla!

...

Quan t'entres dintre
rialles i manyagues;
als ulls, estrelles.

...

Carme Raichs

Avui no penses,
gaudeixes companyies;
demà, tornem-hi.

...

Per unes hores
aparques els problemes
perquè reposin.

...

Veus estimades
retens, quan les pupil·les
guarden els besos.

...

Aquestes festes
són anys guardats a dintre;
batecs diversos.

...

Haikus de desembre

Al llarg dels dies
et desfàs com mantega
damunt l'estufa.

...

Les nits són llargues,
la ment massa eixerida,
i les mans fredes.

...

Hi ha veus llunyanes
que, a través de les ones,
fan companyia.

...

Jorns enganxosos,
mentre altres, d'una intensa
soledat festiva.

...

Carme Raichs

Et fas a mida
el croquis de les hores;
és ben inútil.

...

Passen els dies,
s'esgota el calendari;
riuen les hores.

...

Ràfegues vives;
vent intern enredaire
per uns vius límits.

...

Edats diverses,
els confon aquest viure
de pandereta.

...

Haikus de desembre

Pesques jornades
de remolins d'una era
que et posa crosses.

...

En el bagatge
d'un mes intens t'adones,
que tu, ets misteri.

...

Cada any et trobes
al llom d'un nou desembre
sense cap brida.

...

Volves ens porten
desgavells incompresos;
la fam despullen.

...

Carme Raichs

La valentia
d'anonimats aturen
xàfecs de pluja.

...

Quan les rialles
poden seure a la taula;
tranquil dorm l'ésser.

...

Veus mudes parlen;
dins dels silenci cremen
paraules bordes.

...

Baguls paüra;
al final, el desembre
ens du més vida.

...

Haikus de desembre

Quanta esperança
se'ns nia als cors dels éssers
per uns nous dies!

...

Mort la mentida
i les falses promeses;
neix gent més nova.

...

La tramuntana
s'endu tot el que sobra;
el cor respira.

...

Es fon el gebre
de la teva muntanya;
la calma hi brolla.

...

Les dades ballen
al voltant de la taula
per retrobar-nos.

...

Dies d'imatges,
gastronomia viva;
butxaques buides.

...

Les mans s'ajunten;
solidaritat brilla
i el cor desperta.

...

Som generosos?
Festes, jorns de pobresa
que duren massa.

...

Haikus de desembre

Forgem afectes,
compres inútils brollen;
robots desembre.

...

Els ulls ho veuen;
les famílies minven;
creix la ironia.

...

Regals sorpresa,
farcits de purpurina
ens fan titelles.

...

No tenim hores,
viatgen les idees;
grinyola l'ésser.

...

La hipocresia
ens fa bons a la força
o ens ho fa creure?

...

T'engulls saliva
i estrenys les dents; els ciris
fan pampallugues.

...

Rostres que estimes
no trobes a la taula;
pluja ben seca.

...

Valors es buiden;
la impotència reina
al cor dels éssers.

...

Haikus de desembre

Al santuari
li hem barrat bé les portes;
tenim goteres.

...

Mai hi ha cap multa
per violar tendreses;
l'ésser tremola.

...

La tossudesa,
de no aturar-te, dóna
l'escorça dura.

...

Quan et vesteixes
amb trossos melancòlics;
la gent fa nosa.

...

Fragments voleien
de noves utopies;
l'ara et pertorba.

...

Encens febleses
al cim d'un camí idíl·lic;
la vida torna.

...

Notes de pluja
perforen el piano;
sons impensables.

...

Teixeixes ales
a l'acabar el desembre,
per oferir-les.

...

Haikus de desembre

Albades noves
perforen el teu prisma;
sents l'esperança.

...

Ja tot camina
per uns camins sens gebre;
les clarors truquen.

...

Els ulls t'ensenyen
que les forces ens minven;
els núvols marxen.

...

Els jorns trepitgen
rutines congelades;
ara retornen.

...

Carme Raichs

Busques les hores
revoltes per les festes;
estan fent vaga.

...

Un any s'acaba;
les pàgines s'esgoten
i també el llapis.

...

Boires espases
s'han fos en trenta-un dies
plens d'alts i baixos.

...

Potser és un tòpic
l'amor al tot perfecte?
Siguem curosos.

...

Haikus de desembre

El sol al rostre
t'allibera molts pesos
que arrossegaves.

...

Les ombres fugen
esporuguides ara;
la llum arriba.

...

Passes de calma
deixen petjades vives;
el camí espera.

...

El trencaclosques
l'has encaixat per sempre;
el pit s'eixampla.

...

Tiges d'espines
han mudat, i fan néixer
les flors més pures.

...

Són bons els dubtes;
netegen la mirada
i fonen ídols.

...

Et veus amb forces
de córrer les cortines
de la nuesa.

...

Quan t'alliberes
d'engolidores hores,
tot et rellisca.

...

Haikus de desembre

Tot d'una un dia,
un cop de vent, fortíssim,
fa encaixar peces.

...

Passes desembre;
els anys et fan més savi
o més idiota.

...

Has passat proves
de foc i també d'aigua;
res t'acoquina.

...

L'ahir, no el trobes,
l'avui, és font de vida;
demà, qui el busca?

...

Els anys esperen
igual que les allaus
tan emotives.

...

Desfàs les hores
com madeixa de llana
teixint el viure.

...

Mires, tot d'una,
els flocs d'amor cobreixen
tota l'estima.

...

El cos retorna,
despertes amb auguris
plens d'esperança.

...

Haikus de desembre

Tot d'una voltes
sota d'un viu desembre;
et sents crepuscle.

...

La companyia
s'ha endut glops de buidesa
que t'encerclaven.

...

Sempre camufles
emotivitats, piquen,
també incomoden.

...

Dels gotims d'hores
n'has fet penjolls de vida;
gurmet de gestes.

...

Dintre el capvespre
hi vas deixant paràgrafs
dels teus deliris.

...

Llepes capvespres,
com dolços plens de vida,
dins del silenci.

...

Els jorns t'estoven,
també et fan pelleringues
per renovar-te.

...

Aquestes festes
la llàgrima supura.
Com et delata.

...

Haikus de desembre

Deixes somnífers
i al brindis et capbusses;
torrons i cava.

...

Capitalisme,
regals, presó daurada,
rituals, besos.

...

Sense cap màgia
als nens, els toca viure;
tots som culpables.

...

Ara camines
quan el vent fueteja
jorns inestables.

...

No es utopia,
és real la pobresa
que ara ens envolta.

...

Batecs delaten
amagatalls d'afectes
que ara caminen.

...

Sempre el respecte
dóna la immensa joia
pel bon conviure.

...

Hi ha companyies
que són ben turbulentes;
hem d'esborrar-les.

...

Haikus de desembre

Dies esponja
treuen les gotes negres;
que el mes s'acaba.

...

Hores salvatges,
callades i emotives
han sortit fora.

...

El mes s'esgota
i tu sorgeixes ara
amb molta vida.

...

S'han fos glaçades
al caliu de l'estima
de la conversa.

...

Sols pel paisatge
la boira ploranera;
nou guió et crida.

...

Vessa optimisme
pels ulls de cara neta;
llença deixalles.

...

Coll avall baixen
les hores confitura
que se'ns acaben.

...

Els estels gronxen
el perfum del misteri
quan l'any s'acaba.

...

Haikus de desembre

Tovalles blanques
esperen que el nou brindis
ens agermani.

...

Coets de festa
il·luminen els somnis
i les rialles.

...

Els cors bateguen
per fondre la gran crisi;
que el mag actuï.

...

Sempre ens envolten
llibres de companyia;
amics que esperen.

...

Carme Raichs

Ens porta l'aire
el pensament ben lliure;
no l'encadenis.

...

El cel de festa;
cabrioles de núvols
fan badar als éssers.

...

El jorn perfora
l'enginy de les jornades;
s'allarga el dia.

...

Resplendors neixen
portant etapes noves
per fer petjades.

...

Haikus de desembre

La clau del viure
la té en el cor tot ésser,
si sap trobar-la.

...

Pots veure el mapa
amb unes fites noves
que avui et criden.

...

La pluja fina
neteja bé el paisatge;
festiva nota.

...

Som incansables,
de ment ben viatgera;
ningú ens atura.

...

Carme Raichs

Quan la bellesa
tira el seu ham a l'ésser
no te sortida.

...

No hem de permetre
que la ment se'ns rovelli;
el cor té l'oli.

...

El cos s'arruga,
el cervell es renova
si el tens en marxa.

...

Indefugibles
seran els jorns de pluja
mes, pintem l'Astre.

...

Haikus de desembre

Som tots estrelles
de l'univers tan nostre;
tresor del viure.

...

La senzillesa
et fa mirar el teu dintre
amb ulls de savi.

...

Potser la vida
doni lectures noves
si ressorgeixes.

...

Ens fan els dies
diferent la lectura
del mateix tema.

...

S'obren i es tanquen
les portes de la vida
al teu caprici.

...

Les raons certes
d'incerteses les omples
i cau la pluja.

...

Hi ha tants capítols
guardats al cor de l'ésser
que mai fas miques.

...

Quants prejudicis
ens frenen la petjada;
alliberem-los!

...

Haikus de desembre

Sense pensar-ho
dinamitem la calma;
perdem el ritme.

...

Volem respostes
per abraçar el misteri;
saber coneixe't.

...

Ple d'optimisme,
prems el botó d'inici;
nova jornada.

...

Les presses maten;
per més expectatives
mai no pots córrer.

...

L'amor perfora;
riu cabalós de vida
que la set calma.

...

Amb sol i pluja
has gaudit del desembre
sense pensar-ho.

...

Quin goig les branques
del teu arbre, et fan viure
moments insòlits.

...

L'última gota
prems, llavors, l'esperança,
t'obre nous dies.

...

Haikus de desembre

Final, inici;
el vesc sobre la porta
vetllant les passes.

...

És l'esperança;
respirs de vida nova
ara ens envia.

...

Dónes vacances
a la revolta interna;
saps que és possible.

...

El realisme
a voltes bufeteja;
servem la calma.

...

Porta el rellotge
el gust de les rialles;
la nit, destil·la.

...

Truquen idees
i corren les paraules
a cercar el llapis.

...

L'amor bressola
instants gravats amb màgia;
al cor es queden.

...

Marxa el desembre
embriagat de vida;
ens deixa el nèctar.

...

Haikus de desembre

Gust a misteri
quan el mannà ara et queda
per noves hores.

...

Lliçó de vida;
a flor de pell els besos.
Adéu desembre!

...

Les copes plenes,
a punt raïm i olives...
Les campanades!

www.ingramcontent.com/pod-product-compliance
Lightning Source LLC
Chambersburg PA
CBHW061447040426
42450CB00007B/1254